Ernst Trumpp

Über den Accent und die Aussprache des Persischen

Ernst Trumpp

Über den Accent und die Aussprache des Persischen

ISBN/EAN: 9783744669221

Hergestellt in Europa, USA, Kanada, Australien, Japan

Cover: Foto ©ninafisch / pixelio.de

Weitere Bücher finden Sie auf **www.hansebooks.com**

Herr Trumpp hielt einen Vortrag:

„Ueber den Accent und die Aussprache des Persischen".

In der zweiten Auflage seiner mit vielem Fleisse ausgearbeiteten Grammatica Linguae Persicae hat Vullers auch einen Abschnitt (§ 114—119) über den Accent im Persischen aufgenommen, den er aus der Grammaire Persane ou principes de l'Iranien modern von Chodzko ausgezogen hat. Auch Fleischer hat in der so eben erschienenen zweiten Auflage der überarbeiteten persischen Grammatik von Ibrāhīm Mirzā dem persischen Accent seine Aufmerksamkeit geschenkt und die Angaben Chodzkos wiederholt [1]). Die früheren persischen Grammatiken hatten den Accent mit keiner Silbe erwähnt, da sie meist in Europa und von Europäern verfasst waren, die das Persische nur aus Büchern gelernt hatten, über den Accent also nichts sagen konnten. Auch die in englischer Sprache verfassten persischen Grammatiken haben den Accent nicht beachtet, obschon einige ihrer Verfasser (wie z. B. ein Lumsden) wohl Gelegenheit gehabt hätten, darüber nähere Erkundigungen einzuziehen, wenn ihnen dieser Punkt wichtig genug erschienen wäre. Freilich darf man sich in Indien, wenn man etwas gründliches über das Persische lernen will,

---

1) Gerade das wäre von Ibrāhīm Mirzā, als einem Perser, sehr verdienstlich gewesen, wenn er überall den Accent, soweit es nöthig ist, verzeichnet hätte. Aber das, was er zu geben im Stande gewesen wäre, hat er leider, mit ganz geringen Ausnahmen, nicht gegeben.

nicht an die eingebornen Maulavīs halten, wie es bis
jetzt fast allgemein (auch von Lumsden[2]) geschehen ist:
denn das Persische dieser, wenn auch sonst gelehrten
Männer, ist nicht das reine Irānī der Perser, sondern eine
ihnen fremde und nach alter Tradition angelernte Sprache,
die in Aussprache, Accent und Composition vom eigentlichen Persischen gar sehr verschieden ist, sondern man
muss darauf bedacht sein, dass man einen gebornen Perser,
deren es in Indien manche gibt, sich zum Lehrer nehme.

Es bedarf keiner weiteren Auseinandersetzung, wie
wichtig für eine lebende Sprache der Accent ist, mit dem
sie intonirt wird und ohne welchen sie theilweise gar
nicht verstanden werden kann. Vullers und Fleischer haben
dies wohl eingesehen und sich an die einzige Quelle ge-
halten, aus der sie schöpfen konnten, Chodzko, der durch
seinen längeren Aufenthalt in Persien in die günstige Lage
versetzt war, die lebende Sprache aus dem Munde des
Volkes zu hören und mit der Betonung sich anzueignen.
Gegen die Betonungsgesetze jedoch, die Chodzko in seiner
oben erwähnten Grammatik niedergelegt hat und die nun
durch ihre Reception in die Grammatik von Vullers und
Fleischer bei uns sich einzubürgern drohen, habe ich aus
meiner eigenen Erfahrung heraus verschiedene Einwendungen

2) Auch der gelehrte Dr. Blochmann hat in seinen „Contribu-
tions to Persian Lexicography" viel zu wenig das Indisch-Persische
vom eigentlichen Irānī unterschieden. Wort-Formen, die in Indien
fabrizirt worden sind, darf man darum noch nicht als persisches Sprach-
eigenthum anführen, weil sie sich vielleicht in einem von einem Inder
verfassten persischen Buche oder Gedichte finden. Die von Vullers
Gram. p 95 und 96 aus Blochmann's Beiträgen citirten Worte, wie
ابابکریدن etc., sind alle indischen Ursprungs, auch Bildungen wie
آنتَابِیدَن zur Sonne werden, مَاهِیدَن zum Monde werden, lassen
sich aus keinem ächt persischen Schriftsteller nachweisen: denn der an-
geführte Vers des Chusrau beweist nichts, da er ebenfalls ein Inder ist.

zu erheben, die ich im nachstehenden kurz zusammen fassen will, in der Hoffnung, dass solche Gelehrte, welche etwa in der Lage sind, eingeborne Perser zu consultiren, darauf ihr Augenmerk richten und das eine oder andere über diesen wichtigen Gegenstand, erweiternd oder berichtigend, hinzufügen werden. Ich habe selbst mehrere Jahre einen Perser (von Schīrāz) zum Lehrer gehabt und auch sonst viel mit Persern, Tajiks (Ueberreste der alten persischen Landbevölkerung in Chorāsan) und Afghānen verkehrt, so dass mir der Accent, mit dem ich das Persische habe sprechen hören, noch treu im Gedächtnisse haftet. Es ist allerdings nicht zu übersehen, dass Chodzko den Accent darstellt, wie er im Norden Persiens im Gebrauch ist, während ich hauptsächlich die südliche Betonung im Auge habe: ob aber aus dieser localen Entfernung eine solche Divergenz des Accents sich erklären lässt, ist mir sehr zweifelhaft und muss weiteren Nachforschungen und Berichtigungen vorbehalten bleiben. Als im engsten Zusammenhang mit dem Accent stehend, werden wir auch die A u s s p r a c h e des Persischen einer kurzen Besprechung unterziehen, da auch darüber die Ansichten vielfach auseinandergehen.

I. Der Accent im Persischen.

Als allgemeine Regel mag hier vorangestellt werden, dass e i n e v o n N a t u r l a n g e S i l b e den T o n a n s i c h z i e h t und wo eine solche nicht vorhanden ist, die durch P o s i t i o n l a n g e S i l b e. Finden sich in einem Worte zwei von Natur lange Silben, so hat die l e t z t e den Ton, wobei jedoch bei der ersten Silbe eine gewisse Arsis der Stimme stattfindet, so dass der Ton fast ebenmässig über beide Silben hingleitet[3]). Wenn sich in einem Worte eine von Natur und eine durch Position lange Silbe

---

3) Den Vor- oder Nachton werden wir durch den G r a v i s bezeichnen, während der Hauptaccent durch den Acutus ausgedrückt wird.

vorfindet, so trägt die von Natur lange Silbe den Accent. Finden sich in einem Worte zwei oder drei kurze Silben, so variirt der Accent, je nachdem dasselbe ein Nomen oder ein Verbum ist. Wir müssen daher beide besonders ins Auge fassen.

1) Der Accent der Zeitwörter.

a) Im **Imperativ**, wo die Stammwurzel zu Tage tritt, ruht der Accent, wenn die Wurzel **zwei kurze** Silben enthält, auf der **ultima**, wie (سِپَر) sipár, zertrete

شِکَن (شِکَستن), سِپَردن) šikán, zerbreche (شِکَستن). Der befehlende Ton der Stimme eilt dem Ende des Wortes zu, wenn er nicht durch eine **lange** Silbe aufgehalten wird, wie dies besonders bei Vorsetzung der Partikel بِ zu Tage tritt, welche an sich **tonlos** ist, wie بِشِکَن, bi-šikán (vulgär: bi-škán). Ist die **letzte** oder **beide** Silben lang, so findet dasselbe Tonverhältniss statt; z. B. سِتَان sitán, nimm

اَندَاز (اندَاختن),(ستاندن) andáz, werfe پَیوَند (پَیوَستن), paivánd, verbinde آموز (آموختن); ebenso in einer dreisilbigen Wurzel, (deren erste und dritte Silbe lang ist) wie: آفَرین áfarín, erschaffe (آفَریدن).

Ist dagegen die **erste** Silbe lang und die **zweite** kurz, so ruht der Accent auf der **langen** penultima, wie: آوَر ávar, bringe (آوَردن), آزَن ázan, nähe zusammen (آزَدن). Chodzko will dagegen alle Wurzeln im Imperativ auf der ultima betont wissen.

Die Pluralendung der II. Person des Imperativ ist an und für sich tonlos und zieht nur in den Wurzeln, welche keine lange Endsilbe enthalten, den Accent an sich; liegt der Ton dagegen auf der penultima, so erhält id, als dritte Silbe, einen Nachton, da sich die Stimme gegen dieselbe wieder etwas senkt. Man spricht also im Plural:

سِپَرِید sipar-íd, und mit der Partikel بِ: بِشنَوِید bi-šnav-íd höret (شنودن), بُکُنِید bu-kun-íd, thuet (کردن): dagegen: سِتَانِید sitán-id, nehmet (nicht: sitān-íd, wie Chodzko will), پِیوَندِید paivánd-id, verbindet, بِیَائِید biy-á-id, kommet (آمدن): آوَرِید ávar-id, bringet.

Die Prohibitiv-Partikel مَ ma zieht, so weit dies möglich ist, den Ton an sich vor ein- und zweisilbigen kurzen Wurzeln, wie مَکُن má-kun, thue nicht, مَشِکَن má-šikan, zerbreche nicht; ebenso vor einsilbigen langen Wurzeln, wie: مَیَا máy-ā, komme nicht. In zweisilbigen Stämmen mit einer langen Endsilbe erhält diese, sowie die Plural-Endung id an den kurzen einsilbigen Stämmen, einen Nachton, z. B. مَکُنِید má-kunid, thut nicht, مَیَامُوز máy-āmūz lerne nicht; über die dritte Silbe hinaus kann مَ nicht influiren, es treten dann wieder die gewöhnlichen Accentverhältnisse ein, wie: مَیَامُوزِید măy-āmūzíd, مَکَسِلِید mă-gusil-íd, zerbrechet nicht (گسستن). Ebenso ist die Negation نَ betont, wenn sie im Sinne der Prohibitiv-

Partikel نَه vor den Subjunctiv (ohne ب) tritt, wie: نَرَوَد
ná-ravad, er soll nicht gehen, نَكُنَنْد ná-kunánd, sie sollen
nicht thun. [1)] S. den Subjunctiv.

Die Optativ-Endung âd ist immer betont, wie:
مَبَاد mabâd, گُویَاد gûyâd, مَبَادَا mabâdâ.

b) Die an das Präsens und den Subjunctiv antretenden Personal-Endungen am, î, ad, îm, îd,
and sind an sich tonlos, ziehen aber wenn sie an einen
ein- oder zweisilbigen kurzen Stamm treten, den
Ton an sich: z. B. شِنَوَم šinav-ám, شِنَوِيم šinav-ím;
شِنَوِى šinav-í, شِنَوِيد šinav-íd; شِنَوَد šinav-ád, شِنَوَنْد
šinav-ánd. Ebenso mit vortretendem ب, wie بِشْنَوَم bi-

---

1) Wie ungenau Chodzko verfährt, kann man daraus sehen, dass
er § 394 z. B. مَشُو durch mechoou (ﻭ ﻥ) umschreibt, während er
selbst in § 397 die Regel aufstellt, dass in dem prohibitiven Imperativ
man den Accent (pour donner plus d'énergie à la prohibition) auf die
erste Silbe fallen lasse. In seinem Paradigma von شدن p. 53 gibt
er unter dem prohibitiven Imperativ نَشُون, welches er einfach
durch 'necheved' umschreibt, also keine Spur von einem Accent auf un.
Fleischer hat aus dieser Unachtsamkeit Chodzko's eine neue Regel gemacht (p. 15), „dass der einsilbige durch ein vorgesetztes نَه zum Pro-
hibitiv umgebildete Imperativ der zweiten Singularperson seine eigene
Betonung festhalte." Woher ist diese Regel, da Chodzko kein Wort
davon sagt? Sie kann nur ein Missverständniss sein: denn kein Perser
sagt: ma-šaú, ma-bár, sondern má-šau, má-bar, wie wir es angegeben
haben. Seine p. 15 über die Betonung des prohibitiven Imperativ ge-
machten Aufstellungen müssen demgemäss modificirt werden, um richtig
zu sein.

snav-ám. Die schwereren Personal-Endungen des Plural
erhalten einen Nachton, wenn der Stamm den Accent
auf der penultima hat, wie: Sing. آوَرَم âvar-am,
بِيَاوَرِی biy-âvar-í, Plur. آوَرِيم âvar-im, بِيَاوَرِيد biyâvar-íd. آوَرَند
âvar-ànd. Ist jedoch die letzte Stammsilbe lang (von
Natur oder durch Position), so ist sie stark genug, die
Personal-Endungen enclitisch an sich zu ziehen, die in
diesem Falle dann alle tonlos sind. Man spricht also:
گُوَيَم gúy-am, ich rede, گُوئی gú-i, du redest, گُوئيد gú-íd,
ihr redet etc. Chodzko will auch in diesem Falle die
Personal-Endungen durchweg im Präsens und Subjunctiv
betont wissen, wie: خَوَاهَم khâhém, خَوَاهَنْد khâhénd; wir
hönnen uns nicht erinnern je eine solche Betonung gehört
zu haben.

Tritt die Partikel بِی mi oder هَمِی hami vor einen
kurzen einsilbigen Stamm, so zieht sie den Accent an
sich und die Personal-Endungen des Plural erhalten einen
leichten Nachton, wie مَن بِی رَوَم man mí ravam, ich
gehe, Plur. مَا بِی رَوِيم mâ mí rav-im. Hat der Stamm
zwei kurze Silben, so bekommen die Personal-Endungen
einen Nachton wie: بِی گُسِلَم mi gusil-àm, ich zerbreche;
hat aber die erste Silbe kurz i, so wird dieses gewöhnlich
ausgeworfen, wie: مَن بِی شنَوَم man mí šnavam, ich höre
(statt: mi šinavàm).

Das angehängte Verbum substantivum اَم ich bin, etc.

zeigt ganz ähnliche Tonverhältnisse, wie die Personal-
Endungen. Tritt es an ein einsilbiges Nomen (kurz
oder lang), so bleibt es t o n l o s, wie: مَرْدَم márd-am, ich
bin ein Mann, مَرْدِيم márd-im, wir sind Männer. Hat das
Nomen zwei k u r z e Silben, so wird das angefügte Verbum
subst. in der I. und II. Pers. Sing. t o n l o s angehängt,
auf die III. Pers. Sing. und auf die Plural-Endungen dagegen ein N a c h t o n gelegt, wie: بَنْدَهٔ اَم bándäh äm, ich
bin ein Diener, بَنْدَهٔ آند bándah ànd, sie sind Diener
Hat das Nomen d r e i k u r z e Silben, so erhält das Verbum
subst. durchweg einen Nachton, wie: طَلَبَهٔ آند ṭálabah
ànd, es sind Schüler.

c) Im Aorist (und demgemäss auch im I m p e r f e c t)
sind die Personal-Endungen (welche nichts anderes, als das
Verbum substantivum sind, mit Ausnahme der III. Pers.
Sing., welche keine Personal-Endung annimmt) alle t o n l o s,
indem sie sich an das Particip des Präteritums, nach Ab-
werfung der k u r z e n Endung هٔ , anhängen. Die Betonung
richtet sich daher ganz nach dem P a r t i c i p des P r ä -
t e r i t u m s, z. B. von شُدَه súdah wird شُدَم súd-äm etc.,
von خْوَاندَه χvándäh, خْوَاندَم χvánd-äm etc, von آمَدَه
ámadah, آمَدَم ámad-äm etc. gebildet. Wird, wie im letzten
Beispiele, der Stamm d r e i s i l b i g mit dem Accent auf
der antepenultima im Singular, so erhalten die schwereren
Personal-Endungen des Plural einen N a c h t o n, wie:
آمَدِيم ámad-im. Nach Chodzko soll im Präteritum der Accent
auf der p e n u l t i m a sein, was allerdings richtig ist, soweit

die einsilbigen Stämme in Betracht kommen (und andere
führt er in § 398 auch nicht an). Falsch ist es, wenn
man demgemäss آمَدِيم amádim accentuirt, wie Fleischer
thut, auch wenn sich diese Accentuation irgendwo bei
Chodzko vorfinden sollte. Ueberhaupt lässt sich Chozko's
Accentuirung des Präteritums gar nicht begreifen, wenn
das Particip den Accent auf der ultima haben soll, wie er
behauptet; man sollte dann mit Recht erwarten können,
dass, da die Personal-Endungen an die Stelle der ab-
geworfenen Endung a h treten, diese auch den Ton auf
der ultima festhielten. Man kann nach seiner Annahme
schlechterdings nicht einsehen, warum am Particip des
Präteritums durch die Personal-Endungen der Accent
von der ultima auf die penultima sollte zurückgeworfen
worden sein?

Das dem Imperfect und Conditionalis angehängte i ist
tonlos, man spricht also: رَفْتَمِى ráftami, رَفْتِى ráfti.

رَفْتَنْدِى ráftandi. Nur wenn das Verbum den Accent auf
der antepenultima hat, bekommt das i einen Nachton, wie: 🖐
آمَدَمِى ámadami, آمَدِى ámadi. آمَدَنْدِى ámadandi. Wie
unsicher Chodzko in seiner Accentuation herumtappt, lässt
sich aus folgenden Beispielen am besten ersehen. S. 27
accentuirt er: بِى مُرْدَمِى mimúrdemy und مِى مُرْدَنْدِى mi
múrdendy, was ganz richtig ist. Auf p. 29 aber hat er
diese Accentuation schon wieder ganz vergessen: wir lesen
dort آسُودَمِى asondèmy, شِكَسْتَمِى chikestèmy etc.: wie soll
man aus so etwas klug werden? Fleischer ist unglücklicher-
weise (p. 16) diesem zweiten Einfalle Chodzko's gefolgt

und accentuirt also auch بُودَمِى būdémi. بُودَنْدِى būdéndi,
was nach dem von uns Bemerkten zu berichtigen ist:
Vullers hat diesen Punct gar nicht berührt.

d) Das Particip des Präsens, das auf andah
endigt, hat den Accent auf der penultima, wie: نِوِسَنْدَه

nivisándah, schreibend, رَوَنْدَه ravándah, gehend. Chodzko
will hier die ultima betont wissen, wie سُوزَنْدَه sūzandéh,
brennend. Wir haben nie eine solche Betonung gehört
und es wäre auch ganz unbegreiflich, wie das Persische
den Accent auf die letzte kurze Silbe werfen sollte,
während die vorangehende Silbe durch Position lang ist.
Diese Accentuation ist von ihm nur einer ganz falschen
Theorie zu Liebe gemacht worden, die wir später besprechen
werden.

Die participial Adjective auf ān und ā dagegen
sind oxytona, wie رَسَان rasán oder رَسَا rasá, ankom-
mend, پُرسَان pursán oder پُرسَا pursá, fragend. Ist die
Verbalwurzel von Natur lang, so wird die den Affixen
ān und ā vorangehende Silbe mit einer Arsis der Stimme
gesprochen, die wir durch den Gravis bezeichnen, wie:
بِينَا bìná sehend, آمُوزَان ámùzán oder آمُوزَا ámùzá, lernend.

Die Endung des Particips des Präteritums ah
ist kurz und daher tonlos, der Accent ruht desshalb,
je nach der Quantität des Verbal-Stammes auf der penultima oder antepenultima, wie: شُدَه súdah, ge-
worden, رَسِيدَه rasídah, angekommen, آمَدَه ámadah, gekommen. Auch hier betont Chodzko die kurze Endsilbe

a h, wie بَسْته besteh, gebunden, was wir nach unserer Erfahrung als durchaus grundlos bezeichnen müssen.

e) Die **Infinitiv-Endung** an ist **tonlos** und der Accent richtet sich daher nach der Quantität des Verbal-Stammes, wie: زَدَن zád-an, schlagen, آمیختَن āmíχt-an, mischen. آمَدَن ámadan, kommen. Nach Chodzko soll nun hier ein merkwürdiger Unterschied im Accent stattfinden: der Infinitiv als solcher soll nämlich den Accent auf der **penultima** haben (Fleischer accentuirt demgemäss auch آمَدَن āmédeu), als Verbal-Nomen aber (oder wie er sich ausdrückt, als **Nominativ**) auf der **ultima**, also: خُورَدَن χúrdau, zu essen. خُورَدَن χurdán [5]), das Essen. Es wäre freilich wunderbar, wenn die Perser einen solchen Unterschied machen würden, sie müssten dann den Infinitiv, wenn als Nomen gebraucht und construirt, als etwas ganz anderes ansehen als er sonst ist. Fleischer hat darum in die Behauptung Chodzko's einigen Sinn zu bringen versucht, indem er das Zurücktreten des Accents von der penultima auf die ultima aus dem Einfluss des hinzutretenden اِضافه herleitet (obschon Chodzko nichts davon sagt). Dass aber überhaupt ein solcher Unterschied des Accents beim Infinitiv nicht stattfindet, bedarf keiner längeren Auseinandersetzung. Der persische Infinitiv ist an sich nichts anderes als ein Verbal-Nomen [6]) und verliert diesen Cha-

---

5) Chodzko accentuirt hier khoùrden, mit langem u. Dies ist falsch; die Perser sprechen das u kurz, χúrdan, wie in خُود χúd.

6) Ueber die Natur und Ableitung des persischen Infinitivs vergleiche meine Grammar of the Afghān language p. 183, Anm.

racter (und also auch seinen Accent, wie wir später zeigen werden) nicht, wenn er als Nomen construirt wird. Was Chodzko zu dieser Aufstellung eines Accentwechsels beim Infinitiv, je nach seinem Gebrauche, verleitet hat, ist seine falsche Theorie, dass die Nomina den Accent auf der u l t i m a haben.

f) Das vom Infinitiv durch das Affix i abgeleitete G e r u n d i v u m ist durchaus o x y t o n o n, mag der Verbal-Stamm aus kurzen oder langen Silben bestehen, wie: كُفْتَنِي guftan-í, was zu sagen ist, كَرْدَنِي kardan-í. was zu thun ist, بُودَنِي búdan-í, was sein soll.

2) Der Accent der Nomina.

Der Accent der N o m i n a richtet sich im Allgemeinen nach der Q u a n t i t ä t d e r S i l b e n, aus denen das Nomen besteht.

a) Z w e i s i l b i g e Nomina, wenn kurz. haben den Accent auf der p e n u l t i m a, wie پِسَر písar, Sohn, پَدَر pádar. Vater, بَچّه báččah, ein Junges. Ist eine der zwei Silben l a n g (von Natur oder dadurch, dass sie durch einen d o p p e l t e n Consonanten geschlossen wird) und die andere k u r z, so ruht der Ton auf der l a n g e n Silbe, مَادَر mádar, Mutter, دَسْتَكَش dástkaš. Handschuh. خُدَا χudá, Gott. سَرهِنَك sarháng, Oberst, فَرْمَان farmán, Befehl.

Enthält ein Nomen zwei (von Natur) l a n g e Silben. so ist die l e t z t e betont, wobei jedoch die erste Silbe mit einer gewissen Arsis der Stimme gesprochen wird, so dass der Ton fast mit Ebenmässigkeit über das Wort hingleitet,

wie: باشاه bádšáh König [7]); dagegen خُدَاوَند χudávand.

b) Bei drei- und mehrsilbigen Wörtern hängt
der Accent (der die antepenultima überschreiten kann) von
der Quantität der jeweiligen Silben ab, wobei immer eine
von Natur lange Silbe den Ton an sich zieht, wie:

مَصْلَحَت máslahat, Rath, عَاقِبَت áqibat, Ende, خُدَاوَند
χudávand, Herr, كَتْخُدَا katχudá, Hausherr.

Aus dem Arabischen herübergenommene Worte, insbesondere die Participien, behalten ihren ursprünglichen
Accent bei, wie: مُخْتَلِف muχtálif, verschieden (nicht:

múχtalif), مُخْتَصَر muχtásar, abgekürzt, مُسْتَمِع mustámi.
hörend.

c) In zusammengesetzten Wörtern behält jeder
Theil seinen Accent für sich, wie: صَاحِب دِل sáhib-díl,

ein verständiger, عَاشِق بَادَه ášiq-bádah, ein Liebhaber
des Weins: بى bi und nā jedoch werden mit dem Worte,

dem sie vortreten, zusammengesprochen, wie: بى گُنَاه bi-
gunáh, unschuldig, نَادَان ná-dán, unwissend.

7) Fast ebenso werden Worte wie مَعْلُوم má·lúm betont; denn
wenn eine Silbe mit ع schliesst, so wird dadurch der vorhergehende
Vocal so gedehnt, dass das Volk ihn als wie von Natur lang ausspricht.

In den sogenannten Dvanda Composita ist das zwischen die beiden Wörter eingeschaltete ma, ā und ū **tonlos** und jedes Wort wird für sich accentuirt, wie: كَش مَكَش káš ma-káš, Tumult, ebenso: گَشَاكَش káš-ā-káš; كُفتُوكُو gúft-ū-gú, Unterredung, آمَدُوشُد ámad-ū-šúd, kommen und gehen.

Chodzko accentuirt alle Nomina ohne Ausnahme auf der **letzten** Silbe. Wir können dagegen nur sagen, dass wir so etwas nie gehört haben und müssen die Verantwortung ihm überlassen; auch das Afghānische, das doch dem Persischen so nahe steht, zeigt von einer solchen Accentuation keine Spur.

Der Accent des Nomens wird **nicht** verändert:

a) Durch die Hinzufügung des Dativ-Accusativ Affixes رَا rā, das immer tonlos ist, wie: خَانَهرَا χānah-rā, dem Hause, رَا دُشمَن dúšman rā, den Feind, رَا مَصلَحَت máslahat rā, den Rath, رَا طَائِفَه ṭáifah rā, eine Gruppe, Bande.

b) Durch Hinzufügung des يَاى اضافَه (das immer wie kurz *e* gesprochen wird, wie: تَوَانگَر بَخِيل tavángar-e baχíl, ein reicher geiziger Mann, طَائِفَه دُزدَان ṭáifah-e duzdán, eine Bande von Dieben, آب تَلخِى talχí-e áb, die Bitterkeit des Wassers.

c) Durch das dem Vocativ Sing. angehängte interjectionale ā (yā, iā), wie: خُدَايَا χudá-yā, o Gott!

خُدَاوَنْدَا χudāvandā, o Herr! سُلْطَانِيَا sul̤tāniā, o
Sultān! [x])

Der Accent des Wortes wird verändert durch An-
fügung der Plural-Affixe ān, gān, hā, āt und ǰāt, die
immer den Ton an sich ziehen, wie زَن zan, Frau, Pl. زَنَان
zan-ān, مَادَر mādar, Mutter, Pl. مَادَرَان mādar-ān, بَنْدَه
bándah, Diener, Pl. بَنْدَكَان bandagān, كِشْوَر kíšvar, Land,
Pl. كِشْوَرَهَا kišvar-hā; حِكَايَت h'ikāyat, Erzählung, Plur.
arab. حِكَايَات h'ikāyāt, نَامَه námah, Brief, Pl. نَامَجَات
nāmaǰāt.

Ist die letzte Silbe eines Wortes von Natur lang,
so wird sie vor dem Plural-Affix etwas gehoben und erhält so einen leichten Vorton. wie بَادشَاد bádšāh, König,
Pl. بَادشَاهَان bādšāhān, نِيكُو níkū, gut, Pl. نِيكُويَان
nikūy-ān. Dies ist nicht der Fall bei Worten, die auf i endigen,
da bei diesen vor dem vocalisch anlautenden Affix ān das

---

[x]) Unbegreiflich ist, wie Vullers p. 177 seiner Grammatik den Vers:

بَدَا سُلْطَانِيَا كُورَا بُوَد رِنْج دِل آشُوبِى

خُوشَا دَرْوِيشِيَا كُورَا بُوَد كَنْجِ تَنْ آسَانِى

„O quam improbus est rex, quem affligit id quod cordi gratum est;
o quam probus est Dervish, qui possidet thesaurum tranquillitatis"
übersetzen konnte! Die Worte heissen doch ganz einfach: o unglück-
licher Sultān, der einen Herz-nagenden Kummer hat! o glücklicher
Armer, der den Schatz der Gemüthsruhe hat!

finale i zu i verkürzt wird, z. B. لَشكَری laškarí, ein

Soldat, Pl. لشکریان laškari-án: auch Worte mit finalem
n verkürzen dasselbe vor dem Plural-Affix án zu ú, wenn
kein euphonisches y dazwischen tritt, wie: بَدگُو badgú,
ein Verleumder, Pl. بَدگُوان badgu-án. Das bei Nomini-
bus, die auf ā und ū endigen, vor dem Plural-Affix ها
eingeschaltete ی wird als kurzes i gesprochen, wie: پا
Fuss, Pl. پایِها pāi-hā, گُو gū, Ball, Pl. گُویِها gūi-hā.

Ueber den Accent der zu secundären Bildungen
verwendeten Affixe ist noch folgendes hervorzuheben:

a) Das Affix ī (gī), durch welches Abstracta von Ad-
jectiven oder Substantiven abgeleitet werden, trägt immer
den Accent, wie: راستی rāstí, Rechtschaffenheit (von راست
Adj.), خُدَاوَندی χudāvand-í, Herrschaft (von خُدَاوَند
Subst.), بَندَگی banda-gí, Dienst (von بَندَه Subst.).

b) Das Affix ī, durch welches relative Adjective von
Substantiven abgeleitet werden (das sogenannte یای نِسبَت,
das yā der Beziehung), zieht ebenfalls den Accent an sich,
wie فَارسی fārs-í, persisch, جَنگی ǰang-í, kriegerisch,
کَی ka-í [9]), königlich.

------- --

9) In Wörtern wie کَی kai, König, مَی mai, Wein etc., wird,
wenn von ihnen ein Adjectiv durch das Affix ī abgeleitet wird, der

c) Das Affix i dagegen, welches die Indetermination eines Wortes (das وَحْدَت (يَائَ) ausdrückt, ist tonlos, wie: مَادَرَى mâdari, eine Mutter, دَرْوِيشَى darviši, ein Darvīsh.

Zu beachten ist hier noch besonders, dass wenn dieses يَائَ وَحْدَت an ein auf i endigendes Substantiv tritt (was in der neueren Sprache häufig vorkommt), das finale ى des Nomens ohne Punkte und mit Hamzah geschrieben wird, weil in diesem Fall der Accent auf das يَائَ وَحْدَت vorgerückt wird, z. B. شِيرَازِى šírázi, ein Mann von Schiraz, dagegen mit يَائَ وَحْدَت : شِيرَازِئَى šírázi-i (ein unbestimmter) Mann von Schiraz [10]. Die Sprache wollte durch diese Accentverschiebung offenbar Missverständnisse

---

Doppellaut ai in a aufgelöst. Man schreibt in diesem Falle كَئَى oder auch nur كَئَى, indem Hamza als zur Trennung der Vocale ausreichend betrachtet wird.

10) Nur Mirzā Muhammad Ibrāhīm hat in seiner persischen Grammatik darauf hingewiesen, dass in diesem Falle der Accent auf der vom Hamzah eingeleiteten Silbe ruhe. Wir müssen dies entschieden als richtig bezeichnen, da nicht nur in den Gesprächen (II. Aufl. S. 170) eine derartige Aussprache sich findet, sondern auch in der persischen Uebersetzung des N. T., z. B. جَزْوَى كُورِئَى, theilweise Blindheit (Röm. 11, 25). Chodzko scheint dieser Punkt ganz entgangen zu sein, da er ihn mit keiner Silbe erwähnt, obschon er wegen der Verrückung des Accents sehr zu beachten ist.

vorbeugen, weil sonst das indeterminirte Nomen leicht mit der Genetiv-Annexion hätte verwechselt werden können.

d) Das Comparativ-Affix تَر tar ist t o n l o s, während das Superlativ-Affix تَرِين tarín oxytonon ist, wie: نِیكُوتَر níkú-tar, besser, نِیكُوتَرِین níkū-tarín, der beste.

Die Diminutiv-Affixe چَه und ك— sind t o n l o s, wie: بَاغچَه báγ-čah, ein kleiner Garten, مَرْدَك márd-ak, ein kleiner Mann.

Die übrigen Affixe sind, je nach der Quantität ihrer Silbe oder Silben, t o n l o s oder b e t o n t.

3) Der Accent der Pronomina.

Nach dem, was wir oben von رَا gesagt haben, versteht es sich von selbst, dass der Dativ-Accus. مَرَا má-rā (statt mán-rā) accentuirt wird. Ueber das Pronomen der II. Pers. Plur. شُمَا ist zu bemerken, dass es gewöhnlich wie šúmā ausgesprochen wird (mit dem Accent auf der penultima), im Dativ-Accus. jedoch tritt der Accent, um der antretenden Silbe willen, wieder auf das finale ā zurück, das jedoch ziemlich kurz ausgesprochen wird, also: šumā́-rā (fast wie šumá-rā). [11]

Werden die persönlichen Fürwörter durch das یَای اضَافِه mit einem Nomen verbunden, so behalten sie ihren Accent unabhängig von dem des Nomens, wie: كِتَابِ مَن

---

11) Ebenso spricht man vulgär: شُمَاهَا šuma-há, als ob das a kurz wäre.

kitábe mán, mein Buch, كِتَاب شُمَا kitâb-e šuma, euer

Buch, فَرْمَايِش اِيشَان farmâyiš-e išân, ihr Befehl.

Die Pronomina suffixa م ‎ am, ت ‎ at, ش ‎ aš (in
denen sich, wie später gezeigt werden wird, das a fast zu
e senkt) sind alle tonlos, wie دُخْتَرَم dúχtar-am, meine
Tochter, شُتُرَش šútur-aš, sein Kamel. Auch wenn das
Nomen den Accent auf der antepenultima hat, hält sich
der urspsüngliche Ton des Wortes (der dann vier Silben
umspannt), wie: عَاقِبَتَش áqibataš, sein Ende.

Die Pronomina suffixa des Plurals ‎ مان , ‎ تان ,
‎ شان (die immer durch den Bindevocal i an das Nomen
angehängt werden, ausser wenn dasselbe auf einen langen
Vocal endigt) sind ebenfalls tonlos, ziehen aber, um
ihrer Dreisilbigkeit willen, den Accent des Nomens immer
auf die letzte Silbe, wie: بَرَادَرِمَان barádár-iman, unser
Bruder, نَوَازِشِتَان navâziš-itân, eure Schmeichelei; شُتُرَهَاشَان
šuturhá-šân, ihre Kamele.

4) Der Accent der Präpositionen, Conjunctionen
und Interjectionen.

Die zwei- und mehrsilbigen Präpositionen richten
sich im allgemeinen nach der Quantität ihrer Silben, wie:
اَنْدَر ándar, darinnen, بَرَاى baráe, um, wegen, بَنَابَر
banábar (banábar-e), wegen; ebenso die als Präpositionen
verwendeten Nomina, wie: جِهَت jéhat (ba-jéhat-e) etc.

Folgt eine Präposition auf ein Nomen, so tritt sie, wenn sie einsilbig ist, enclitisch an dasselbe, wie: دَر دَریَا بَه bah daryá dar, im Meere, بَه سَر بَر bah sár bar, auf dem Haupte; ist sie aber zweisilbig, so behält sie ihren Accent, wie: بَه شُكر اَندَر bah šúkr ándar, im Danke drinnen.

Die Conjunctionen haben im Allgemeinen den Accent auf der penultima, wie: اَگَر ágar, wenn, اَمّا ammah, aber, لِیکِن líkin, aber, بَلكه bálkeh, sondern, وَلی válí, aber. Ist eine zweisilbige Conjunction mit چه čeh oder كه keh zusammengesetzt, so erhalten diese einen Nachton, wie: اَگَرچه ágar-čeh, obschon, زیراكه zírá-kèh, darum dass.

Die Interjectionen haben ebenfalls den Ton auf der ersten Silbe, um der Stimme mehr Nachdruck geben zu können, wie: آری árí, ja, بَلی bálí, ja; اَیَا áyá (Fragepartikel), ob? زِنهَار zínhár, nimm dich in Acht! زِهی záhí, herrlich!

Die arabischen Interjectionen oder als Interjectionen gebrauchte Nomina behalten ihren ursprünglichen Accent bei, wie: اَیُّها áyyuhá, oh! مَرحَبا márh'abá, willkommen!

II. Die Aussprache des Persischen.

1) Der Consonanten.

Wir übergehen hier, was wir als bekannt voraus-
setzen zu dürfen glauben. Der Unterschied von ج (dsch)
und چ ĕ (tsch) ist, besonders für den Deutschen, wohl zu
beachten! چ wird von den Persern nicht tief aus der
Kehle gesprochen, wie von den Arabern, sondern vielmehr
wie das gewöhnliche ه h, nur die Mullas und die Gelehrten
affectiren die arabische Aussprache. [12]) Ebenso verhält es
sich mit dem ع [13]), das gewöhnlich in der Aussprache
ganz ignorirt wird, wie علم = ilm (nicht ᷒ilm, mit dem
den Arabern eigenthümlichen Drucke im Halse).

Das persische خ entspricht unserem deutschen ch
(= χ), wie خدا χudā, Gott. Was die Lautgruppe خر
betrifft, so ist das, was Vullers p. 8. 9. seiner Grammatik,
gestützt auf die Angaben in disch-persischer Grammatiker, darüber anführt, in manchen Punkten zu modi-
ficiren. Die Gruppe خوا wird durchaus χā [14]) gesprochen.

---

12) Wie Chodzko behaupten kann, dass die Perser das چ wie
das deutsche ch aussprechen, ist mir unbegreiflich.

13) Der genauen Transcription wegen werden wir ع immer
durch ᷒ (doppelten Spiritus lenis) bezeichnen. — Nicht zu übersehen
ist, dass wenn ein Nomen mit stummem ع schliesst, man ein sehr
flüchtiges a nachtönen lässt, wie: طلع, das wie ṭäma᷒ gesprochen
wird; ähnlich nach چ. wie صبح ṣubḥ᷒.

14) Sonst werden wir diese Lautgruppe der genaueren Transcription
wegen durch χv. χvā umschreiben.

wie خواب χāb, Schlaf, خوان χān. Tisch, خوارزم χārism, Name
eines Landes, خوانكن χândan (vulgo: χûndan), lesen,
خواهر χāhar, Schwester. Nur in dem arabischen Worte
خواجه ist die doppelte Aussprache χājah und χavājah zu-
lässig. Die Gruppe خو hat dagegen eine doppelte Aussprache: in einzelnen wenigen Worten wird sie wie χa
ausgesprochen, wie: خوستۀ χastah, stinkend, دَرخَور dárχar,
geziemend, in den meisten noch gebräuchlichen Worten
dagegen wie χŭ, z. B. خود χŭd, selbst, خور χür, Sonne
خورشيد) χüršíd), خوش χŭš [15]), glücklich, sich wohl-
befindend, ebenso in آخوند âχŭnd, Lehrer, آخور âχŭr,
Stall. Ueber die Aussprache der übrigen von Vullers an-
geführten Wörter lässt sich nichts weiter bestimmen, da
sie veraltet und aus der Volkssprache verschwunden sind.
Dass aber auch der Verfasser der dem persischen Lexicon
رشيدى vorangestellten Grammatik die Aussprache der von
ihm erwähnten Wörter nicht aus dem Volksmunde kannte,
geht aus seinem eigenen Geständniss hervor, indem er bemerkt: ودليل بر فتح اين خا اشعار قدَماست „Der Beweis für das Fath'a dieses χā ist die Notiz, welche die
früheren (Grammatiker) darüber gegeben haben".

---

15) Im nördlichen Persien nach Chodzko χoš gesprochen. Dass
man früher χvaš, χvaš gesprochen hat, ist sicher und durch den Reim
bestätigt. Dasselbe lässt sich von خود sagen, dessen frühere Aussprache χvad durch das afghanische χpal (in dem sich auch noch das
v = p erhalten hat) bestätigt wird.

Dass د, wenn ihm ein Vocal vorangeht, in der älteren persischen Sprache wie ذ z gesprochen wurde, ist hinlänglich bezeugt [16]), besonders auch von dem Lexicon سروری, das von einem Perser verfasst und desshalb, insbesondere was die Aussprache betrifft, von grossem Gewichte ist; in neuerer Zeit aber wird dieser Unterschied nicht mehr beachtet, sondern د wird durchgängig als d gesprochen. Auch Chodzko und Ibrahim Mirza bemerken nichts über eine solche Nüancirung in der Aussprache von د.

Wenn Chodzko bemerkt, dass ل und ك, wenn von einem langen a gefolgt, wie kiä und giä (richtiger kyä und gyä, indem den beiden Gutturalen ein palatales y nachklingt) ausgesprochen werden, so gilt das nur vom Norden Persiens, wo die türkische Aussprache schon viel Einfluss gewonnen hat; bei den Süd-Persern habe ich nichts derartiges bemerken können.

Die Aussprache von غ ist eine doppelte [17]): geht ihm kein Vocal voran, so wird es wie ein schnarrendes؟ mit einem weichen Vordruck von ;' gesprochen (gar؟ wie im Arabischen), geht ihm aber ein Vocal voran ؛ lautet es wie ;', indem der r-Laut dabei zurücktritt, z. B. غَم ;'am, Kummer (= ;'ram), بغل bá;'al, Maulthier. باغ bā;', Garten.

Das ن ist immer rein dental und wird vor dem Lippenlaut ب wie m gesprochen, z. B. دنبال dumbál, der

---

16) Siehe darüber auch Lumsden, pers. Gram. I, p. 26.

17) Wir bezeichnen es nach dem Lepsius'schen Ling. Alphabet mit ;', obschon auch diese Umschreibung nicht ganz passend ist, wenigstens nicht für den Fall, wo ihm kein Vocal vorangeht. Das griechische ;' wird bekanntlich viel weicher als unser süddeutsches g gesprochen und entspricht mehr dem norddeutschen r, das an ;' streift.

hintere Theil. Zu warnen ist vor der falschen indischen Aussprache, die in englisch-persische Grammatiken über-gegangen ist und welche dem ن, wenn ihm ein langer Vocal vorangeht, den eigenthümlichen Laut des indischen Anusvāra gibt. So spricht man in Indien z. B. آن = ãu, مَرْدَان = mardã etc. Eine solche Aussprache beleidigt das Ohr der Perser, die das Anusvara gar nicht kennen.

Wenn das و am Ende arabischer Wörter eigentlich als Consonant stehen sollte, so wird es im Persischen, wie auch im Neu-arabischen, als kurzes u gesprochen, wie: سَهْو sáhü, لَغْو láγü; folgt aber ein Vocal, so erhält و seine consonantische Aussprache wieder, wie: سَهْو sáhv-e, لَغْو láγv-e.

2) Der Vocale.

a. Die kurzen Vocale a, i, u.

Das kurze a wird im Persischen etwas trübe gesprochen, fast wie das englische kurze u in mud, doch klingt im Süden der a-Laut noch immer durch. Im Norden dagegen hat es, durch den Einfluss des Türkischen, fast immer den e-Laut angenommen, wie dies auch aus Chodzko's Transcrip-tion zu ersehen ist. Auch die früheren persischen Gelehrten, die das Persische von den Türken gelernt hatten, wie Meninski, Hammer-Purgstall etc., haben das a durch e wiedergegeben. Wir werden den a-Laut beibehalten, der mindestens ebenso berechtigt ist, als e, denn ich habe mich überzeugt, dass bis nach Kásán hinauf das Fathᵃ als ein ziemlich klares a ausgesprochen wird. Insbesondere ist dies der Fall, wenn Fathᵃ den Hauchlauten ح und خ und den Gutturalen ع, غ und ق vorangeht oder nachfolgt, wie: حَمْد ḥ'amd, Lob (Chodzko dagegen umschreibt khemd),

خَبَر χábar, Nachricht, أَخْتَر áχtar, Stern, عَمَل ʿámal,

Handlung, مَعْلوم maʿlûm, bekannt, أَغْيَار ayyâr, Fremde,

غَلَط ʿálaṭ, Fehler, قَدْر qádr, Werth.

Das Fatḥʿ senkt sich dagegen, auch im Süden, zu einem äusserst flüchtigen a, das dem e sehr nahe kommt, in den auf ه‍ــ endigenden Wörtern, wie: بَنْدَه bándäh (= bándeh), رَفْتَه ráftäh, gegangen. Ueberhaupt wird in einem zwei- und mehrsilbigen Worte das Fatḥʿ der Endsilbe rasch gesprochen, dass es mehr wie ein kurzer Vocal-Anstoss klingt, wie: نَفَر náfär (fast wie náf'r) [18]. Dies tritt besonders hervor bei den tonlosen Pronominal-Suffixen م‍ـ, ت‍ـ, ش‍ـ, deren Bindevocal a immer wie kurzes e gesprochen wird, wie: طَلَبَش ṭálab-eš, sein Verlangen, سَرَت sár-et, dein Kopf [19].

Das kurze i behält seinen Laut, ausser in kurzen offenen Endsilben, wo es zu ĕ herabsinkt, wie: طِفْل ṭifl, Kind; بِه beh (= be) gut, كِه keh, welcher, چِه čeh, was. Eine Ausnahme macht كِه als Interrogativ, in welchem

---

18) Eben diese kurze Aussprache der Endsilbe ist ein Beweis dafür, dass der Accent des Wortes nicht auf der ultima liegen kann.

19) Nichts destoweniger haben wir in der Transcription den a-Laut auch in diesen Fällen beibehalten, da es mehr der Genauigkeit der Umschreibung entspricht und die in solchen Wörtern sich mehr zu ŏ senkende Aussprache von a sich leicht behalten lässt.

Falle es kih (eigentlich ki und darum auch in der neueren
Sprache oft كِ geschrieben) ausgesprochen wird. Ferner
wird i vor und nach ه immer als e gesprochen, wie: مِهْر
méhᵉr, Güte, بِهِشت behéšt, Paradies, سِپِهْر sipéhᵉr, Him-
mel, چِهْرَه čéhᵉräh, Gesicht [20]).

Das i der اضافه wird, wie schon bemerkt, immer als
e gesprochen, nur wenn es in der Poësie als l a n g gebraucht wird, bekommt es den Laut von i.

Das kurze u wird nie wie ö [21]) noch wie das türkische
ü gesprochen, sondern behält in allen Verhältnissen den
reinen u-Laut, wie: گُرْگ gurg, Wolf.

b. Die langen Vocale ā, ī, ū.

Das lange a wird im Persischen breit gesprochen, wie
in dem englischen a l l, z. B. آب āb, Wasser (= aob),

---

20) Wenn auf stummes ه ein anderer (meistens stummer) Mit-
laut folgt, so wird, zur Erleichterung der Aussprache, je nach dem
vorangehenden Vocale. ein flüchtiges a oder i nach ه gesprochen, wie:

نَهْر nähᵃr, Fluss etc.; nach u tönt ebenfalls ein flüchtiges a nach,

wie: مُهْر = múhᵃr, Siegel.

21) Wie schon bemerkt, will Chodzko davon خُوش, das er χoš
ausspricht, ausgenommen wissen. Dies gilt jedoch nur von Nord-
persien; im Süden ist die Aussprache χoš unbekannt. Jedenfalls ist
dabei nicht ausser Acht zu lassen, dass das o k u r z gesprochen wird,
und nicht l a n g, wie Fleischer meint (p. 7 seiner Gram.).

Chodzko will auch in كُفْتَن das u als ö gesprochen haben (er
umschreibt es goften p. 45). was im Süden immer gúftan lautet.

آمَدَن áinadan, kommen (= āonadan). Im Süden wird das lange a schon sehr häufig mit ū verwechselt, doch nicht durchgängig, wie fälschlicherweise angenommen wird; gewisse Wörter jedoch habe ich nur mit ū sprechen hören, wie: آن ūn, jener, خواندَن zúndan, lesen, خواهر zúhar, Schwester, فارسى fārsi, persisch, نان nūn, Brod. Es ist klar, dass dieser Uebergang von a zu ū sich erst durch das Medium von āo gebildet hat und darum schwankt noch die Aussprache zwischen beiden.

In Chorāsān jedoch wird noch heutigen Tages ā als ein reines langes a gesprochen und sowohl die Aussprache āo als ū ist den Tajiks und Afghanen unbekannt.

Lang i und u bewahren immer ihren resp. Laut. In den von Engländern herausgegebenen persischen Grammatiken (Lumsden, Jones, Forbes etc), sowie auch in der von Vullers, wird immer genau zwischen dem sogenannten یَاى مَعروف yáe màzrúf und واوِ مَغروف vāve màzrúf, dem bekannten ya und vav (i und ū) und dem یاى مَجهول yáe majhūl und واوِ مَجهول vāv-e majhūl, dem unbekannten ya und vav (ē und ō) unterschieden.

Dass ursprünglich im Persischen zwischen i und ē, ū und ō ein Unterschied in der Aussprache bestand, beweist nicht nur die Vergleichung mit dem Sanskrit, Zand und Pazand (Parsi), sondern auch der Umstand, dass bis auf unsere Tage in Chorāsān i von ē und ū von ō streng unterschieden wird. Die Tajiks sowie die Afghanen sprechen z. B. هَمى hamé, هَميشَه hamésah, immer, شیر šēr, Löwe, بَلى bále, ja, كُوشت gošt, Fleisch, سُوك sōg, Kummer etc.

Selbst Leute von Herāt. die ich gesprochen habe, haben
diesen Unterschied von ī und ē. ū und ō beobachtet. Von
Chorāsān ist diese Aussprache durch die Mu;uls nach Indien
gekommen und dort bis heute traditionell festgehalten
worden. In den in Indien (und von Indern) verfassten
persischen Grammatiken und Wörterbüchern (wie im Bur-
hān-e qāti?. dem Haft qūlzum, dem Farháng-e Jahāngīrī)
findet sich darum die Aussprache ī und ē. ū und ō immer
angegeben.

Ebenso sicher aber ist, dass man in Īrān selbst diesen
Unterschied zwischen ī und ē, ū und ō in der Aussprache
nicht mehr macht. Wann diese (ursprüngliche) Unter-
scheidung zwischen den erwähnten Lauten in Īrān aufge-
hört habe, ist nicht bekannt. Die in Indien verfassten
Wörterbücher können natürlich in dieser Hinsicht nichts
beweisen, es müssten Forschungen in Īrān selbst angestellt
werden, um darüber zu sicheren Ermittelungen gelangen
zu können, die bis jetzt uns noch ganz fehlen. Nichts
destoweniger müssen wir uns dahin entscheiden, dass, was
die Aussprache des Persischen betrifft. nur Īrān selbst, wo
die Sprache noch frisch im Munde des Volkes fortlebt,
für uns massgebend sein kann und darf und dass, so wichtig
es auch für die Etymologie ist, dass in Wörterbüchern der
Unterschied von ī und ē, ū und ō angegeben werde, wir
doch keinen Grund haben, diese antiquirte Aussprache in
unseren persischen Grammatiken fortzuschleppen. Wenn
auch ohne allen Zweifel die in Chorāsān und in Afghānistān
zerstreut lebende uralte Tājik-Bevölkerung einen Rest der
alten persischen Aussprache treuer bewahrt haben mag
als Īrān selbst, so ist doch dabei nicht zu übersehen, dass
die häufige Eroberung und Ueberschwemmung Chorāsāns
durch Turkomanen-Stämme und zuletzt durch die Afghānen
die übrig gelassene persische Landbevölkerung fast von
allem Verkehr mit dem Mutterlande abgetrennt hat: ihre

Sprache (so viel alterthümliches sie auch noch bietet) und
Aussprache ist dadurch mehr zu einem losgetrennten Dialect
herabgesunken, der für das moderne Persische nicht Richt-
schnur sein kann. Es muss daher in dieser Hinsicht mit
der bisherigen durch Indien vermittelten Tradition entschieden gebrochen werden, wollen wir nicht ein Persisch
lehren, das den Persern selbst unverständlich ist.

e) Der Doppellaute ai und au.

Diese beiden Doppellaute bewahren ihren ai- resp. au-
Laut durchaus und gehen nicht dialectisch in ē oder o
über. Man spricht also مَيْل mail, Neigung, مَوْج mauj,
Welle, شَو šau, werde. Dabei ist jedoch zu bemerken,
dass diese beide Doppellaute nicht breit gesprochen werden
dürfen, sondern eng zusammengezogen werden müssen,
also ai = ei und au = au (nicht áu).

3) Die Aussprache der dem Imperativ, Sub-junctiv und Aorist präfigirten Partikel بـ.

Vullers ist dem Ausspruche Lumsden's gefolgt, der es
als das sicherste betrachtet hatte, die Partikel بـ mit i zu
sprechen, wie dies in Indien der Fall ist. Auch Chodzko
spricht die Partikel بـه immer wie bè, was jedenfalls darauf
hinweist, dass man in Nord-Persien keine andere Aussprache zu kennen scheint. Damit stimmt auch Mirza
Ibrāhim überein, sofern er wenigstens keine anderweitige
Aussprache der Partikel بـ erwähnt.

Im Süden von Persien jedoch, bis nach Kāsān [22]) (und

---

22) Ich erwähne hier Kāsān, weil Muhammed Hājji aus Kāsān
längere Zeit mein College an dem Oriental College der Universität von
Lahore war; seine Aussprache ist noch treu meinem Gedächtnisse ein-
geprägt, da ich täglich mit ihm verkehrte.

vielleicht noch weiter gegen Norden) wechselt die Aussprache dieser Partikel zwischen bi und bu nach festen
Lautgesetzen.

Man spricht bi, wenn die erste Silbe des Verbums
einen der Vocale a, i, oder die Doppellaute au, ai enthält, wie: بِيّا bi-y-ä, komme. بِمُشِين bi-nišín, setze dich.

بِيَوْبَار bi-y-aubár, verschlinge (اوْبَاشتن), بِرَو bi-ráu, gehe.
(vulgo auch: bu-rau), بِپَيَوَنْد bi-paivánd, verbinde.

Enthält aber die erste Stammsilbe ein u, so nimmt ب,
um der euphonischen Sequenz der Vocale willen, ebenfalls ein u an, wie: بُكُن bu-kún, thue, بُگو bu-gú, rede.
بُيُفْت bu-y-úft, falle. بُرُوب bu-rúb, fege, بُخُفْت bu-χúft,
schlafe.

Die Aussprache des Imperativs ist auch für den Subjunctiv massgebend, wie: بِبَرَم bi-barám, dass ich trage,
بِرَوَنْد bi-ravánd, sie sollen gehen, بُكُنِيم bu-kuním, dass
wir thun etc.

Dieselben Lautgesetze gelten auch für die dem Aorist
(in der älteren Sprache) vorgesetzte Partikel ب, wobei es
sich manchmal trifft, dass je nach dem Vocale der ersten
Silbe, dieselbe vor dem Imperativ und Aorist verschieden
ausgesprochen wird, wie: بِمِير bi-mír, sterbe, Aorist بُمُرد
bu-múrd, er starb; بِرَسِيد bi-rasíd, er kam an, بُكُشَاد
bu-kušád, er öffnete.

Lumsden erwähnt auch (Gram. II, p. 396) eine Aeus-
serung von Maulánā Surúrí, dass die Partikel ب mit u

gesprochen werde, wenn das Verbum mit einem der Labiale
ب, ف, م und و anfange (ohne in der ersten Silbe den
Vocal u zu haben) und führt Beispiele an, wie: بَّبَالِيد
bu balid, er wuchs, بَّفَرمُود bu-farmúd, er befahl, بَمَالِيد
er zerrieb, بُورزِيد bu-varzíd, er erlangte. Eine solche
Aussprache habe ich nie gehört und wenn sie je bestanden
hat, ist sie schon längst ausser Gebrauch gekommen.

Wenn die Partikel ب vor einen Verbal-Stamm tritt,
dessen erste Silbe k u r z i enthält, so wird gewöhnlich (wie
auch vor مى) dasselbe in der Aussprache übersprungen
resp. ausgeworfen und der erste Radical schliesst dann die
mit ب begonnene Silbe, wie: بِشنَو biš-náu höre (statt bi-
šináu). بِشنيد biš-níd, er hörte (statt: bi-šiníd), بِنشين
bin-šin, setze dich (statt bi-nišin).

Am Schlusse dieser Bemerkungen möchten wir noch
darauf hinweisen, dass es für eine richtige Erkenntniss
des Persischen durchaus nöthig ist, dass man sich mehr,
als bisher geschehen, an die Perser selbst und die von
ihnen verfassten Schriften halte. Bis jetzt ist unsere Be-
kanntschaft mit dem Persischen hauptsächlich durch die
Inder und die von ihnen verfassten grammatischen und
lexicographischen Werke vermittelt worden und nicht nur
Lumsden und Gladwin haben alles als gutes Persisch hin-
genommen, was ihre indischen Lehrmeister ihnen vorgesetzt
haben, sondern auch Vullers steht noch ganz unter ihrem
Einfluss. So schätzenswerth auch in vieler Hinsicht diese
in Indien verfassten persischen Werke sind, so ist doch
dabei nicht zu übersehen, dass sie keinerlei Classicität
beanspruchen können und es ist ganz verfehlt, auf ihre
Eigenthümlichkeiten grammatische Regeln zu bauen. Sie

sind fast alle in einem Stile geschrieben, dem man es so-
gleich ansieht, dass man kein Original-Werk eines Persers
vor sich hat, sondern die Arbeit eines Gelehrten, der mit
Mühe und auch manchmal nicht ohne grammatische Ver-
stösse, seine Gedanken in das fremde Idiom kleidet. Schon
Chodzko hat (p. 187) auf einige falsche Ausdrücke und
Wendungen in der sonst so geschätzten Grammatik von
Lumsden aufmerksam gemacht und es wäre leicht, deren
noch viel mehr nachzuweisen. die sich dem Kundigen so-
fort als ungeschickte Uebertragungen aus dem Hindūstānī
darstellen, wenn es eines solchen Nachweises noch be-
dürfte[23]). Auch die indischen Ausgaben des Gulistān (und
die ihnen in Europa nachgedruckten) sind nur mit Vor-
sicht zu gebrauchen, da sich in ihnen viele Wendungen
eingeschlichen haben. die das indische Gepräge auf der
Stirne tragen. Auch die von Dr. Rosen (und früher von
Gladwin) herausgegebenen Narrationes Persicae sind nichts
als eine unidiomatische. aus dem Hindūstānī gemachte
Uebersetzung, die nicht einmal frei von groben grammatischen Verstössen ist[24]).

------

23) Dahin gehört unter anderem auch der falsche Gebrauch von رو
bei allgemeinen Zeitbestimmungen, wie شَبْرا bei Nacht (Lumsden II,
p. 516), welches eine wörtliche Uebersetzung des Hindūstānī رات‌کو
ist. Es hat sogar (durch indische Handschriften) Eingang in den Gulistān gefunden.

24) Ich will hier nur einige Sätze herausheben, die für jeden
Kenner des Persischen hinreichend sind. Z. B. Narrat. 2: انبار پنبه
بدزدی رفت, ein Haufen Baumwolle kam an einen Dieb; dies ist
ein Hinduismus: denn man sagt wohl im Hindūstānī: چور کو آیا
es fiel in die Hand, eines Diebs, aber nicht im Persischen (nach wört-

Die Inder haben uns einige treffliche persische Grammatiken (nebst Wörterbüchern) überliefert, die wohl der

———

licher Uebersetzung): بَدُزدی رَفت ; ein Perser würde diesen Aus-
druck gar nicht verstehen, es sollte vielmehr heissen: بَدَست دُزدی
اُفتاد . Ibid. ریشهَای خودرا از دست پاك كردند ; sie reinigten
ihre Bärte mit ihren Händen, wörtliche Uebersetzung des Hindūstānī:
سی : عانه سی پاك كیا (=pers. از) drückt wohl im Hindūstānī
das Instrument aus, aber nie im Persischen. Vullers führt allerdings
in seiner Syntax Beispiele für diesen Gebrauch von از an (p. 31), aber
sie sind eben aus diesen inculpirten Narrationes Persicae genommen,
beweisen daher nichts. Auch das Beispiel, das Lumsden gibt, از قَلَم
نوِشتم , ich schrieb mit der Feder (II, p. 136), ist falsch. Nar. 3 :

هرگاه نقد مرا سپردی كجا بودم . Hier muss هرگاه nach
dem Zusammenhang 'als' (quum) bedeuten, aber diese Bedeutung hat es
nicht, obschon auch Spiegel in dem seiner persischen Chrestomathie an-
gehängten Wörterbuche هرگاه mit der Bedeutung von 'quando, quum'
aufführt. هرگاه bedeutet „jederzeit", „wann nur immer"; die
Bedeutung von „als, wann" wäre aus ächten persischen Schriftstellern
erst noch nachzuweisen. Nar. 6: ترا نائبِ خود كردن می خواهم
„ich will dich zu meinem Stellvertreter machen". Kein Perser würde
hier خود ohne Pronominal-Suffix gebrauchen, da خود für sich leicht
missverstanden werden kann; es ist eine wörtliche Uebersetzung des
Hindūstānī: مین تمكو اپنا نائب كیا چاهتا هون . Im
Hindūstānī muss hier اپنا (= خود) stehen, aber im Persischen sollte es
نائبِ خُودَم heissen. Auf ähnliche Weise ist خود auch noch an ver-

Veröffentlichung werth sind [25]), aber sie müssen mit umsichtiger Critik benützt werden, damit das dem indisch-persischen Dialecte anklebende Jargon ausgeschieden werde.

---

schiedenen anderen Stellen unrichtig gebraucht worden, was den des persischen Idioms unkundigen Uebersetzer hinlänglich kennzeichnet.

25) Wir gedenken selbst eine solche in Bälde zu veröffentlichen.

Historische Classe.

Herr **Preger** trug vor:

„Beiträge zur Geschichte der Waldesier im Mittelalter".

(Wird in den Denkschriften veröffentlicht werden.)